Neapolitan Memories

CANZONE NAPOLITANE

CONTENTS

Compiled and Arranged by
A. FASSIO

A collection of the most beautiful songs of Napoli

FOREWORD

NAPLES___ the land of sunshine___ the land of blue skies spreading like a magic canopy over the sea; that sea which was the inspiration of SANTA LUCIA, O MARENARIELLO, O SOLE MIO and other such songs known the world over...If you have ever been in Naples, the memory of these harmonious strains will linger in your heart through the remainder of your days.

In the hustle and bustle of western living, the editor of this little album still feels a glowing pleasure in the reminiscence of happy hours in an open boat__ a boat drifting aimlessly beneath that magic, starlit Neapolitan heaven__ friends, mandolins, guitars, melodies....

It is such memories which have inspired this collection, for there must be many who will share the compiler's pleasure in these folk-songs of Naples, and in things traditional, which are too readily submerged in the material tides of modern life.

It is hoped this album will afford happy hours in many homes. It offers a collection of the songs which attained highest popularity in their day, presenting them in modern arrangements and with suitable English lyrics. Each arrangement is designed to be practical; besides piano and voice, it is adaptable also for violin, mandolin, ukulele, Spanish guitar or accordion.

This is an entirely revised and enlarged edition of the album formerly known as "Napoli"...... new songs have been added and the folio has been perfected in every way.

ANGELS' SERENADE
(SERENADE)
(SERENATA)

English Lyric by
OLGA PAUL
French Lyric by
ERNEST CARTIER

By
G. BRAGA

Andante con moto

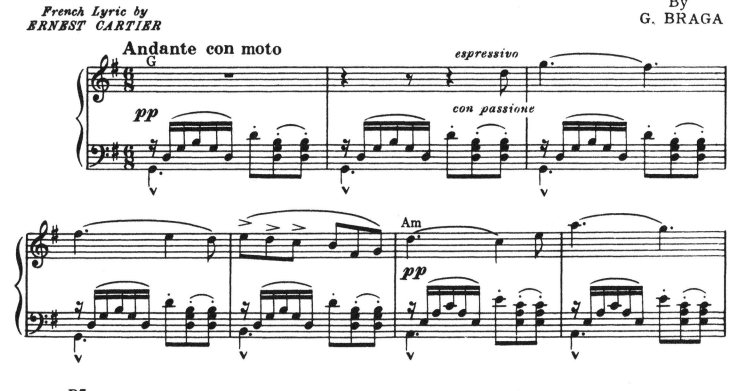

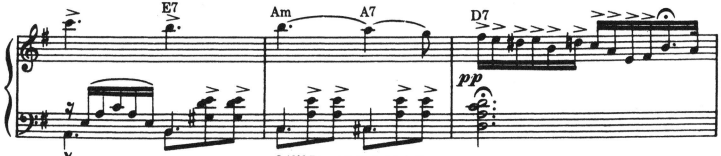

4

G *pp*

O qua - li mi ri - sve - glia - no   Dol - cis - si - mi con -
The sweet - est mu - sic wak - ens me   From out my peace - ful
Quels sons ____ mé - lo - di - eux ____   tan - dis que tout som -

ppp accompagnez le chant   sempre pianissimo

Am   **D7**

cen - ti non li o - di,   o mam - ma giun - ge - re   coll' a - li - tar dè
sleep - ing; Don't you hear it,   oh moth - er, pass - ing by?   With ____ the wind it is
meil - le,   O ____ mè - - re tout à   coup ____   ont frap - pé mon o -

G   **E**

ven - ti. Fat - tial ve - ron   ten sup - pli - co   e dim - mi don - de par - te ques - to
sweep - ing. Go to the door,   I beg of you,   And tell me, if you can, whose are these
reil - le, ____ Au mi - lieu   de la nuit ____   d'où vien - nent ____ ces ____ ac -

cresc.

Am   **E7**   **Am**   **A7**   **D7**

suon.   Io nul - la veg - go cal - ma - ti   non o - do vo - ce al -
songs?   Qui - et, my child, there's noth - ing new,   I hear no voic - es
cents?   O mè - re com - me moi ____   n'en - tend - tu pas ces

pp   *pp* sans ralentir.

5

SUONNO 'E FANTASIA
(But This Is Only Dreaming)

Italian Lyric by
A. GENISE
English Lyric by
OLGA PAUL

By
G. CAPOLONGO

Largo espressivo

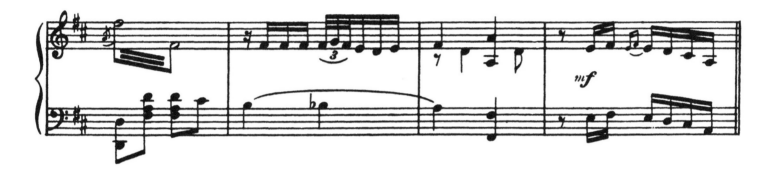

1. Ce sta 'na ca-sa-rel-la miez' 'o ma - re, ad -
2. Ce sta 'na mun-ta-gnel-la tut-ta ver - de, 'o
3. Ce sta 'nu co - re ca sus-pi - ra sem - pe, e

1. *Sur - round - ed by the sea there is a dwell - ing, That's*
2. *And far a - way I see a love - ly moun - tain, Where-*
3. *There is a love - lorn heart that's al - ways sigh - ing, A*

do' me son-no semp' 'e sta' cu te,____ nce pas-sa-no can-tan-no 'e ma-re
so-le na-sce e mo-ve sem-pe llá,____ am-mo-re mmiez' 'e fron-ne nce se
ca nun tro-va pa-ce maie pe' te____ nce sto pian-tan-no ro-se 'e tut-te

where in dreams I long to be with you,____ And sing-ing songs, the sail-ors all are
on the sun will al-ways rise and set,____ And there a-mong the leaves just like a
heart that can-not find its peace a - gain;____ The ros - es all my gar-den beau-ti-

na - re, e ll'a - ria fre-sca ad-do-ra comm' 'a che'!____ Din-
per - de, i' nce per-dess' 'a vi-ta pe' t'a-ma'!____ Ncop-
tiem - pe, e sem-pe spi-ne na-sce-ne pe' me!____ Ncop-

tell - ing A - bout the fra-grant air 'neath heav-en's blue.____ I'll
foun - tain, E - ter-nal love will spring with-out re - gret.____ I'll
fy - ing, For me have on - ly thorns, and bring me pain.____ But

t'a 'sta ca - sa - rel - la, te vu - lar-ria pur - ta', pe' t'ab-brac-
pa 'a sta mun-ta - gnel - la, te vu - lar-ria pur - ta', pe' t'ab-bra-
p'a stu co - re mi - o te vu - lar-ria fa' sta', pe' t'ab-bra-

take you to this dwell - ing, On which the heav-ens shine, And with my
take you to this moun - tain On which the heav-ens shine, And with my
if this heart could hold you And ten - der - ly en - shrine, Then with my

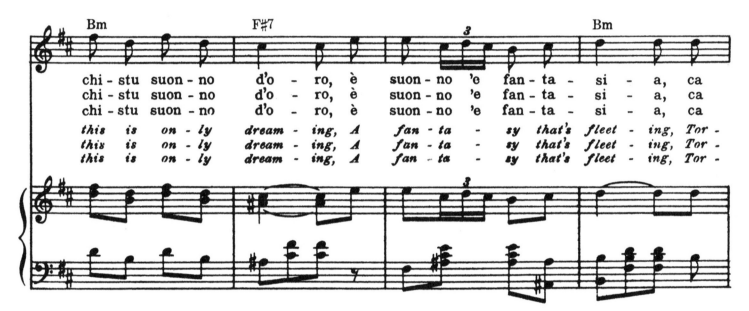

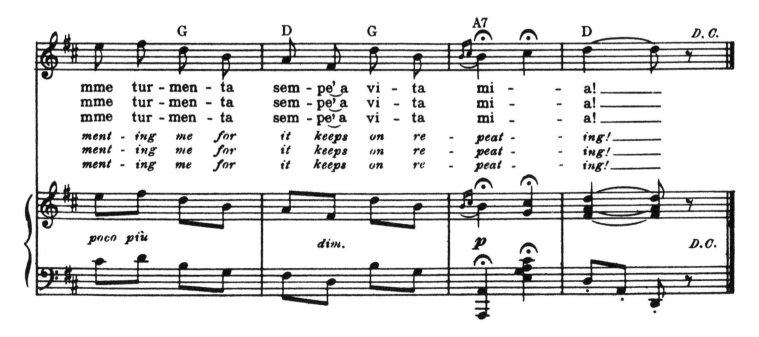

CIRIBIRIBIN

English Lyric by
ALBERTO SILVIO
In the style of a Serenade (light and graceful)

Music by
A. PESTALOZZA
Arr. by Max Hirschfeld

By the id — ly flow — ing riv — er
Su fi - ni - sci - la coi ba - ci

That is wind — ing to the sea, _____ Ev-'ry heart is
Bel Mo - ruc - cio Bi - ric - chin, _____ E non ve - di

all a qui — ver, _____ Ev-'ry heart is fan — cy free;
tu lu lu - na, _____ Che dal ciel fa ca - po - lin?

*) *Diagrams are for Guitar, Symbols are for Ukulele and Banjo*

14

live when years have passed a - way? _____ Ci - ri - bi - ri - bin, You're
bei den - tin, che bel boc chin! _____ Ci - ri - bi - ri - bin, che

so di - vine, Tell me you're mine be - fore we part; _____
bel na sin, Che bei den - tin, che bel boc chin!

_ Ci - ri - bi - ri - bin, _____ Ci - ri - bi - ri - bin, _____ Ci - ri - bi - ri -
_ Ci - ri - bi - ri - bin, _____ Ci - ri - bi - ri - bin, _____ Ci - ri - bi - ri -

ritardando *poco* *a rit.*

bin, Give me your heart. _____ heart. _____
bin, che bel boc - chin! _____ - chin! _____

poco *rit.* *rit.*

Come To The Sea!
Vieni sul Mar!

English translation by Sigmund Spaeth

Popular Venetian Song

Tempo di Valzer

ff

p

*) D   F#7   Bmi   D   A

Deh ti de - sta, fan - ciul - la, la lu - na spande un
Wake, be - lov - ed, The moon-light is glid - ing, Spread - ing

D   G   A7   D   D7

rag-gio-si ca - ro sul mar, Vie - ni me - co t'a-spet - ta la bru - na
far o'er the o - cean it's ray, Come with me where my boat, soft - ly rid - ing,

G   E7(b5)   D   G   A7   D   Bmi

fi - da bar - ca del tuo ma - ri - mar, Ma tu dor - mie non pensial tuo
Waits to bear you on wave-lets a - way But you sleep with no thought of my

*) Symbols and Diagrams are for Guitar

18

8952.3

'O SOLE MIO!
(You Are My Sunlight)

Italian Lyric by
G. CAPURRO

English Lyric by
OLGA PAUL

Music by
E. di CAPUA

1. Che bel - la co - sa
2. Lu - ce ne'e llas - tre
3. Quan-no fa not-te e'o

1. Oh day of beau - ty
2. I see your win - dow
3. When sun - light fades and

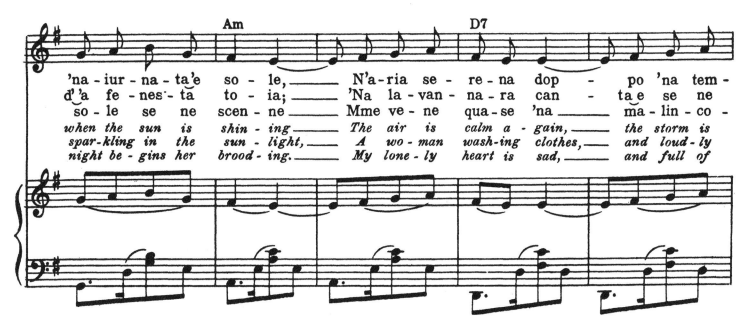

'na iur - na - ta e' so - le, ___ N'a-ria se - re - na dop - po 'na tem-
d'a fe - nes - ta to - ia; ___ 'Na la-van - na-ra can-ta e se ne
so - le se ne scen - ne Mme ve - ne qua-se 'na ___ ma - lin - co-

when the sun is shin - ing ___ The air is calm a - gain, ___ the storm is
spar - kling in the sun - light, ___ A wo - man wash-ing clothes, ___ and loud-ly
night be - gins her brood - ing. ___ My lone - ly heart is sad, ___ and full of

10926 -3

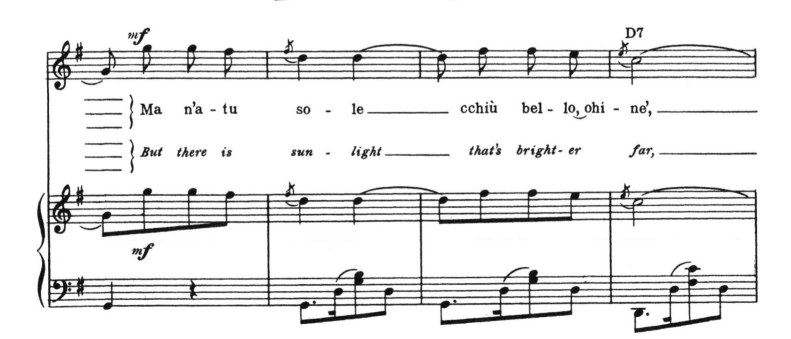

MATTINATA
DAWN'S GREATEST TREASURE
(AUBADE)
(HIGH VOICE)

English Lyric
by OLGA PAUL
French Lyric
by E. VIENET

Italian Lyric and Music by
RUGGIERO LEONCAVALLO
Arr. by LUIS SUCRA

L'au - ro - ra di bian - co ve - sti - ta___ Già
The dawn robed in white now is smil - ing,___ And
L'au - rore a mis sa ro - be blan - che___ Pour

l'us - cio dis - chiu - de al gran sol,___ Di già con le ro - see sue di - ta___ Ca-
day will ap - pear with the sun,___ Al - read - y the ros - es be - guil - ing,___ Are
mieux fê - ter le gai so - leil,___ La ro - se s'entr'ouvre et se pen - che___ Sous

rez - za   de fio - ri   lo stuol!_____ Com-
turn-ing   their heads one   by   one._____ Mys-
la ca - res-se du   ré - veil!_____ Sur

mos-so da un-fre - mi - to ar-ca - no_____ In - tor-no il cre - a - to già
ter-ious - ly, life_ now en - thrall-ing,_____ Has wak-ened the world from its
la na - tu-re fré - mis-san-te_____ Passe un souf - fle mys-té - ri-

par_____   E tu non   ti de - sti, ed in-va - - no   Mi
sleep,_____   But you do   not wake nor hear its call - - ing,   In
eux,_____   Mais c'est en   vain qu'i-ci   je_ chan - te: Le

sto qui do - len - te a can - tar
vain do I stand here and weep.
sommeil ferme en - cor tes yeux.

Met - ti an - che
Ah, this white
E - veil - le -

tu la ve - ste bian - ca e schiu - di l'u - scio al tuo can -
robe, dawn's great - est trea - sure, Wear it and wake, and sing this new
toi vive et lé - gè - re, Ou - vre la porte à ton chan -

tor! O - ve non se - i la lu - ce man - ca, O - ve tu
song, Wher - e'er you are, but there is my plea - sure, Wher - e'er you
teur! Sans toi sa vie est sans lu - miè - re, Par toi l'a

MARECHIARE*
(Neapolitan Song)

English Lyric by
OLGA PAUL
Italian Lyric by
S. DI GIACOMO

By
F. PAOLO TOSTI

Quan-no spon - ta la lu-na a Ma-re-chia-re pu-re li pi-sce
Chi di - ce ca li stel-le so lu-cen-te nun sa-pe st'uoc-chie
When the moon o - ver Ma-re-chia - re ris-es, The air is full of
The stars high up in heav-en bright-ly shin-ing Are not so bright as

nce fan-n'a l'am-mo - re _____ se re-
ca tu tie - ne nfron - te, _____ sti doje
ro-mance and de - vo - tion, _____ And the
when her eyes are smil - ing _____ And at

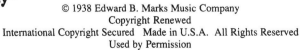

*Pronounced "Mah-rey-kiah-rey"

16925 4

vo - ta - no l'on - ne de lu ma - re, pe la pri - ez - za ca - gne - no cu -
stel - le li sac cio io so - la - men - te, din - t'a lu co - re ne ten - go li
sea chang - es col - or and dis - guis - es It - self as if to hide its great e -
night I am al - ways sad - ly pin - ing And wish to see her star - like eyes be -

lo - re, Quan - no spon - ta la lu na a Ma - re chia - - re._____
pôn te. Chi di - ce ca li stel - le so lu - cen - te?_____
mo - tion, When the moon o - ver Ma - re - chia - re ris - - es._____
guil - ing. I wish to see her star - like eyes be - guil - ing._____

A Ma - re - chia - re nce sta na fe - ne - sta, la
Sce - ta - te Ca - ru - lì, ca l'a - ria e do - ce; quan - no
In Ma - re - chia - re a win - dow in - vites me, and
Wak - en, oh Car - o - line, the air is pleas - ant; Wak - en

28

pas - si - o - ne mia nce tuz - zu - le - - a, nu ca - ro - fa - no ad -
maie tan - to tiem - po ag - gio as - pet - ta - - to? P'ac - com - pa - gnà li
there I hast - en while my heart is beat - - ing, For she stands at her
quick - ly, let there be no de - lay - - ing. The eve - ning star, the

do - ra in t'a na tes - ta, pas - sa l'ac - qua pe sot - to e mur - mu - lé - -
suo - ne cu la vo - ce sta - se - ra na chi - tar - ra ag - gio por - ta - -
win - dow, the sight de - lights me, She en - chants ev' - ry min - ute of our meet -
moon have both been pres - ent And heard my soft guit - ar which I was play -

a: A Ma - re - chia - re nce sta ___ na fe - ne - sta.   Ah! _____
to, Sce - ta - te, Ca - ru - lì, ca l'a - ria è do - - ce.   *Ah! _____*
ing, Ah, she en - chants ev' - ry min - ute of our meet - - ing.
ing, Wak - en, oh Car - o - line, the air is pleas - - ant.

10925 4

Ah! _____
Ah! _____ A Ma-re-
Ah!
In Ma-re-
Ah!

chia - - re A Ma-re-chia - - re nce sta _____ na fe-
sce - ta - te, Ah! sce - ta - te ca l'a - ria è
chia - - re, in Ma-re-chia - - re, her win - dow in -
wak - en, oh, a - wak - en, for the air _____ is

ne - - sta! _____
do - - ce! _____
vites _____ me! _____
pleas - - ant! _____

The Sailor's Love Song
'O Marenariello

Tune Ukulele

A D F# B

English Lyric by
DON TITMAN

S. GAMBARDELLA
Arr. by A. FASSIO

The sea loud-ly is call- ing, Hear the roar of the
Oje ne' fa prie-sto vie - ne, nun me fa span-te-

tide. With love ev- er en- thrall- ing,___ For a fish-er-man's bride.
rà, Ca pu- re'a rez-za ve - ne c'a ma-re stu a me-nà.

So let there be no part - ing, Mar-ring a sail - or's joy,
Meh, stien ne sti brac- cel - le, a- in- te m'a ti- rà,

*Symbols for Guitar or Banjo

March of the Tricolor
La nocca de tre colure

English Lyric by
DON TITMAN

Tune Ukulele
G C E A

Arr. by A. FASSIO

Tempo di Marcia

%Voice *F

See it wav — — ing in the sun-light, With it's green and white and
Quant' è bel — — la, quant' è bel-la la ban-ne-ra ver-de,

C7   F   C7   F   A7♭5

red, our beau-ti-ful flag,___ Fly-ing through the day un-til eve-ning, Stir-ring
jun-ca ros-sag-je mà!___ Io dall' ar-ba 'nfi' al-la se-ra, me la

D7   Gmi   C7 Gdim   Dmi F   C7

hearts and mak-ing them glad. For it's true, the col-ors gay, Fill our
ston-go a smic-ci-à. Que si tu non cri-d'à me, Io la

*Symbols for Guitar or Banjo

2	**2**
Green means Hope, it leads us forward	*Chillo vverde è la speranza,*
Through the heat of war until the battle we've won,	*Che nce a fatto assennecà*
Or in conquest, bidding us follow	*E perimma inta a la penza*
On to death, till duty is done.	*Nce ave fatto fravecà.*
	Tante stiente ne pecchè
For it's true, etc.	*Sto colore ppe vedè.*
3	**3**
White means Freedom they have taught us,	*Sa lo janco e assaje carnale*
But to me it means the love I have for my home;	*Ne che buò segnificà*
Here's a token all men are equal	*Ca nuje simme tutt'equale*
'Neath the heaven's glorious dome.	*Simmo frate e basta ca.*
	Chi l'avesse ditto a tte
For it's true, etc.	*Chesti ccose de vedè.*
4	**4**
Red forever tells the story	*E llo rrusso che po spezza*
Of the valiant deeds so famous, far and wide;	*Tanto bbelle mmiezo llà*
It's the color shouting our glory,	*E la gioja, la priezza*
Fills our hearts with wonderful pride.	*Che nce fa svertecellà.*
	Chesto ditto m'hanno a mmé,
For it's true, etc.	*Io lo dico purzi a te.*
5	**5**
Hope and Truth and Pride it gives us,	*'Nfra, mazze de lli sciure*
With it's green and white and red, the colors we love;	*Mosta Nocca stanno a fà*
Never fear lest men should enslave us	*Beneditte lli colure*
While our standard waves above.	*E la bella libertà.*
	Va allaccammo mena me
For it's true, etc.	*Ca paura cciu non ncè.*

Macaroni
I Maccheroni

Tune Ukulele

G C E A

Old Neapolitan Song
Arr. by A. FASSIO

Tempo di Tarantella

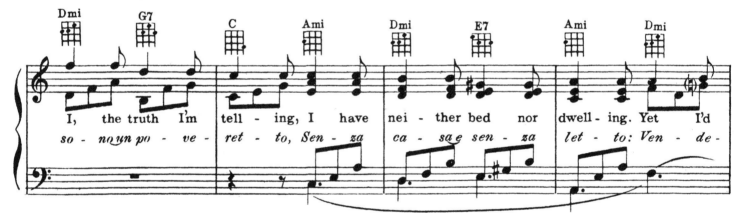

*Symbols for Guitar or Banjo

2	2
Soldiers who'd be brave and steady,	*S'esser vuoi un buon soldato,*
Go to battle armed and ready,	*Va alla guerra sempre armato,*
Soldiers who'd be brave and steady;	*S'esser vuoi un buon soldato,*
Go to battle armed and ready;	*Va alla guerra sempre armato,*
If the cannon to each crony	*Pur che tirino i cannoni*
Would bring a dish of good macaroni,	*Almeno un piatto di maccheroni*
If the cannon to each crony	*Pur che tirino i cannoni*
Would bring a dish of good macaroni.	*Almeno un piatto di maccheroni.*

3	3
A lieutenant young and ardent,	*Ho veduto un buon tenente*
Changed his rank with one young sergeant,	*Che cambiava col sergente*
A lieutenant young and ardent;	*Ho veduto un buon tenente*
Changed his rank with one young sergeant;	*Che cambiava col sergente*
Sold his stripes for ready money	*Le spalline pe' galloni*
Just for a dish of good macaroni,	*Per un sol piatto di maccheroni*
Sold his stripes for ready money	*Le spalline pe' galloni*
Just for a dish of good macaroni.	*Per un sol piatto di maccheroni.*

4	4
Now that my good song is ending	*Tarantella si è cantata*
All my earnings I'll be spending,	*Due carlini si è pagata;*
Now that my good song is ending	*Tarantella si e cantata*
All my earnings I'll be spending,	*Due carlini si e pagata;*
I will gaily pay the money	*Sono allegro, o compagnoni,*
Just for a dish of good macaroni	*Ne compreremo dè maccheroni*
I will gaily pay the money	*Sono allegro, o compagnoni,*
Just for a dish of good macaroni.	*Ne compreremo dè maccheroni.*

Maccheroni 2

Adieu, Carmel!
Addio Carmè

English Version by
DON TITMAN

Tune Ukulele

Neapolitan song
Arr. by A. FASSIO

Good-by, Car - mel, for du-ty bids us part, Yon bu-gle ech-oes in my
Ad-dio Car - mè, di ma ne ag-gia par - ti, I' so' sul - da-to'a pa-tri ag-

break-ing heart; And though you weep, I dare not long-er stay,
gia ser - vi 'A lun-ta-nan-za nun me fa scur - dà

Your lips will bless me when I march a - way, And smil-ing pledge to be, the
'E'st uo-cchie bel-le fat-te pe'ne can - tà! Tut-te sti mi-se sen - za

✻Symbols for Guitar or Banjo

long years through, For- ev- er, true to me, as I to you.
te - ve - dè; sar - raie sin - ce - ra com 'm'i so' cu tte?

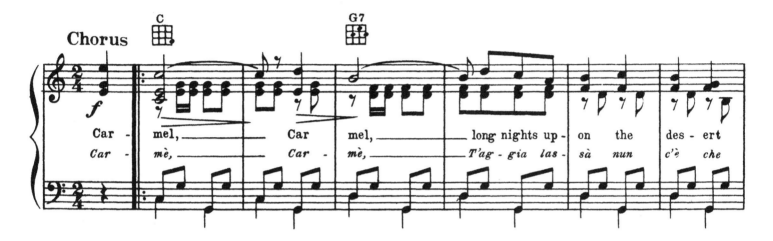

Chorus

Car - mel, _____ Car mel, _____ long nights up - on the des - ert
Car - mè, _____ Car - mè, _____ T'ag - gia las - sà nun c'è che

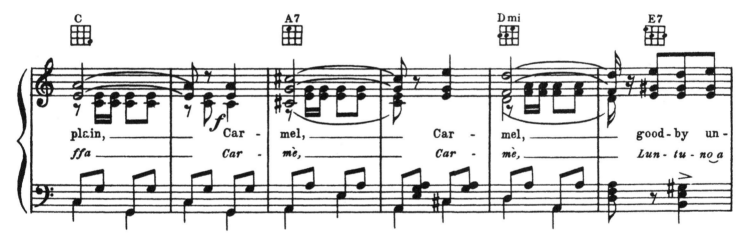

plain, _____ Car - mel, _____ Car - mel, _____ good-by un -
ffa _____ Car - mè, _____ Car - mè, _____ Lun - tu - no a

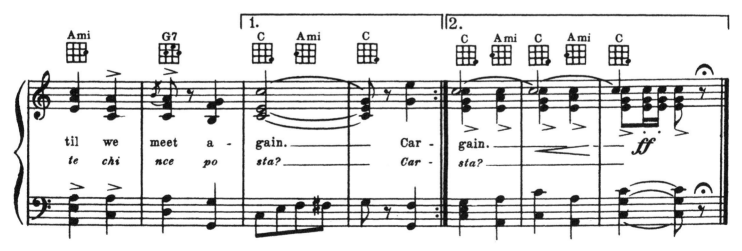

til we meet a gain. _____ Car- gain. _____
te chi nce po sta? _____ Car- sta? _____

Come Back to Sorrento!
Torna a Surriento

Tune Ukulele

A D F# B

English Lyric by
DON TITMAN

E. DE CURTIS
Arr. by A. Fassio

Love-ly is the sea a - round me, Like your deep blue eyes a danc - ing,
Guar-da il ma-re co-mè bel - lo! spi-ra tan-to sen-ti - men - to

Wakes fond mem-o-ries en - tranc-ing, Starts me dreaming, dear, of you.___ Blos-soms wave a beck'-ning
co-me il tuo soa-ve ac- cen-to cheme, des-to fa so - gnar_ Sen-ti co-me lie-ve
con passione

fin - ger, Or-ange boughs shed lov-ers' per-fume, And the trav'ler wants to ling - er,
sa - le dai giar-di-ni o-dor d'a- ran-ci un pro-fu-mo non v'ha e - gua-le

*Symbols for Guitar or Banjo

'Round the bay of old Sorrento,
Hear the noisy breakers scolding,
Snow-white arms at dusk enfolding
Scenes too wond'rous to compare.
Near the shore on billows riding,
Sea-maids send a wistful murmur,
Yes, 'tis you they're softly chiding,
All for you their glances fair....

Vedi il mare di Sorrento che tesori cala in fondo
chi ha girato tutto il mondo non lo sa dimenticar.
Vedi come le Sirene or ti guardano incantate,
par che vogliano a te sola dolci cose mormorar.
E tu dici "Io parto, addio!" T'allontani dal mio core;
questa terra dell'amore hai la forsa di lasciar?
Ma non mi fuggir, non darmi piu tormento
Torna a Sorrento, non farmi morir!

10,660-54 Still you answer etc.
Come back to Sorrento 2

The Mandolin Serenade
Mandolinata

Tune Ukulele

G C E A

English Lyric by
DON TITMAN

E. PALADILHE

Allegretto

The moon is smil - ing down, lads, Night has be - gun to fall, ___ A - round the town, A -
Su an- diam! la not - te è bel - la, La lu - na va a spun- tar, ___ Di qua di là per

round the town, There's fun for one and all. ___ So string your man - do - lin, and
la cit - tà an- diam ci a tra- stul - lar ___ Fin- chè la not - te du - ra

Put on your pur - ple mask, ___ Come car - ol with me, A sweet mel - o - dy It is a pleas - ant
Ci po-trem di - ver - tir, ___ Po - tre - mo an - dar, Gi - rar, tor - nar, can - tar, suo - nar, gio -

*Symbols for Guitar or Banjo

10,660-54

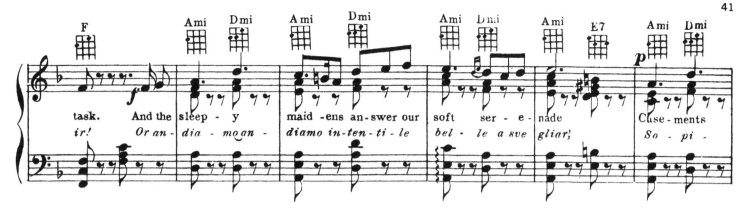

The Girl From Sorrento
La Vera Sorrentina

Tune Ukulele

G C E A

English Lyric by
DON TITMAN

Arr. by A. Fassio

In Sor- ren-to ____ lives a maid-en, How I loved her, ____ and a-
La ve- det-te a Pie-di- grot-ta, Tut-t'a ffe-sto e-ra-pa-

dored her, But my heart with ____ fear was lad-en, When I ven-tured ____ to go
ra-ta, Pe-guar- dar-la ____ trop-pa n'frot-ta, Da la mam-ma ac-com-pa-

toward her. Though I faced all ____ kinds of dan-ger, Still she made me ____ feel a
gna-ta; 'Na-giac- chet-ta ag-gal-lo- na-ta, 'Na pet- ti-glia ____ ri-ca-

*Symbols for Guitar or Banjo

2

Ne'er a suitor won her favor,
She was heartless, so they told me,
If with love I could enslave her,
Sailor's fortune then would hold me.
But I never could accost her
And forever now I've lost her,
Could you blame a humble stranger
While her Mother walked along?
For my chance I would endanger
If her mother heard my song.

3

But she cared not, she ignored me,
All my longing, my despairing,
How I wandered, things but bored me,
Though I turned to deep sea faring;
Set my canvas for the ocean,
Sped my ship with gentle motion —
Still I'm dreaming, can you blame me
Of yon daughter, trim and young
Hoping that some day she'd claim me,
For her virtues I have sung!

2

Da chell' ora nn'aggio pace,
Stongo sempe a sosperare;
Chiù la ressa non me piace,
Chiù no ntenno lo ppescare.
Co la misera barchetta
A Sorriento 'nfretta,'nfretta
Ogne sera, ogne mattina
Vace lagreme a jettà.
Ma la sgrata Sorrentina
Noǹ ha maje de me pietà.

3

Se non cura chesti pene
Quanto cana, tanto bella,
Voto strada, e do lo bbene
A quacc' altra nennella,
Ma che vedo? che sventura,
Lampa, e l'aria se fa scura.
Aggio spersa la banchina
La barchetta è p'affonnà!
Pe tte sprata Sorrentina
Io mi vado ad affogà!

The Girl From Sorento 3

Fairy of Amalfi
La Fata di Amalfi

Tune Ukulele

G C E A

English Lyric by
DON TITMAN

Folk song from Amalfi
Arr. by A. Fassio

*Symbols for Guitar or Banjo

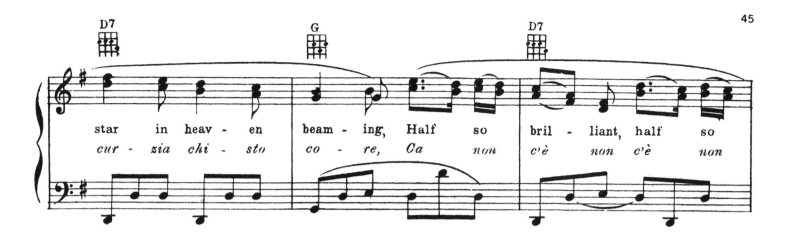

2

Come to me, and gladden my spirit,
Light my path like wayside flowers;
I spent many lonely hours,
Since you drew your hand from mine.
Maiden, you are very cruel,
You forgot me when we parted;
Though you left me broken-hearted,
Still for you my heart's a shrine.

3

Golden dawn when sun is rising,
Must I weep and pine forever?
Though I dream, I know I never
More again will happy be.
Smiling still through misty morning
Even when the storm is raging,
Then my heart a battle is waging,
For your face keeps haunting me.

4

Night-time falls, I cannot forget you,
For I see your lovely vision,
But you seem to smile in derision,
When you hear my lonely song.
Fondly then I'd stoop to kiss you,
But alas, the vision falters,
And the scene soon fades and alters,
Must I always pine and long?

2

*Co' chi parlo? chi sconsolato!
Addò sta la rosa mia?
S'è sfrunata pe la via,
E chiu addore non me dà.
'No signore la vedette,
So tre mise ch'è scoppata!
Ma co tutto ch'è na sprata
Non la posso io maje scurdà!*

3

*La matina che pe tiempo
Vaco a Napoli mbarchetta,
Pare tanno che m'aspetta
E la manno me vo dà!
Quanno po lo cielo scura
Ed io vaco pe piscare,
Miezo a l'onne de lo mare
Veco pure che sta là.*

4

*E turnanno a la capanna,
La saluto a lo barcone,
E la solita canzone
Vaco tonno pe cantà:
"Viene vie, tu si 'na stella,
Tu d'Amalfi si la fata,
Ma la rosa s'è sfrunnata
Ed io l'aggio da scurdà!*

Sweet Louise
La Luisella

English Lyric by
DON TITMAN

Tune Ukulele

Neapolitan Folk Song
Arr. by A. Fassio

Each day she tends the gar - den,
Nee sta 'na giar-de-ne - - ra
Oh she's a plant-er's daugh - ter, The
Se chia-ma Lu - i - sel - la, Da

flow'rs she loves to wa - ter
copp' a l'A - re - nel - la
There where the ram - blers twine;_____ In
'Mme ve - neg nco - je - tà._____ Nee

long straight rows she's plant - ing A bed of pret - ty flow - ers, Sweet Lou - i
te - ne no giar - di - no Chiù i ro - se ma ri - na Lu - i-

✶Symbols for Guitar or Banjo

10,860 -54

25

D.C.

2

Like April's buds at dawning,
Fresh with the dew of morning,
Her garden she's adorning,
With her bright eyes that shine.
From early morn till twilight
She tends her pretty flowers,

    Sweet Louise etc.

3

On yonder hill I saw her
One day when fancy led me,
I said if she would wed me,
I'd worship at her shrine.
In vain my words, my hoping,
I'm doomed to lonely hours.

    Sweet Louise etc.

4

I promised her fine laces
She turned aside in laughter,
I knew that ever after
I'd always weep and pine.
Her garden was her one joy,
She only cared for flowers.

    Sweet Louise etc.

2

D'abbrile è no sciurillo,
De maggio è na rosella,
'Ncarnata cerasella,
Fraola p' addurà;
Le sapore tene
De pera Carmosina.

    Luvise, sera e etc.

3

Luisè se me te sposo
T'accatto li sciuqquaglie;
Lassiette a trenta maglie
te voglio fa piglià
Te viglio no corpietto,
Pursi 'na manteglina.

    Luvise, sera e etc.

Santa Lucia
Santa Lucia

Tune Ukulele

G C E A

English Lyric by
DON TITMAN

Neapolitan Song
Arr. by A. FASSIO

Shin-ing a-cross the sea, / Stars cra-dled gent-ly, / Night in her glo-ry, / Watch-es in-
Sul ma-re lu-ci-ca / l'a-stro d'ar-gen-to, / Pla-ci-da è l'on-da, / pro-spe-ro è il

tent-ly. / Shin-ing a-cross the sea, / Stars cra-dled gent-ly, / Night in her glo-ry,
ven-to. / Sul ma-re luc-ci-ca / l'a-stro d'ar-gen-to / Pla-ci-da è l'on-da,

Watch-es in-tent-ly. / Come speed me o'er the tide, / Fair breeze my way_ guide,
pro-spe-ro è il ven-to / ve-ni te all a-gi-le / bar-chet-ta mi-a,

*Symbols for Guitar or Banjo

10,660-54

Santa Lu - ci - a, Santa Lu - ci - a. Come speed me o'er the tide,
San - ta Lu - ci - a, San-ta Lu - ci - a! *Ve - ni - te all' a-gi-le*

Fair breeze my way guide, San-ta Lu - ci - a, San-ta Lu - ci - a.
bar-chet - ta mi - a San - ta Lu - ci - a San-ta Lu - ci - a!

2
Tra ler, come seek with me
Landscape so pretty,
Gladly I would see
Shores of my city. } Repeat

Vespers now gently call,
Summoning us all,
Santa Lucia,
Santa Lucia. } Repeat

3
In sunlight's gilded path
Heav'n smiles so sweetly,
Beauty in her mirth
Charms us completely; } Repeat

So gleams her crystal sand,
Foam tips her gay strand.
Santa Lucia,
Santa Lucia. } Repeat

2
Con questo zeffiro, cosi soave,
Oh! com'è bello star sulla nave!
Con questo zeffiro, cosi soave,
Oh! com'è bello star sulla nave!

Su, passeggieri, venite via!
Santa Lucia! Santa Lucia!
Su, passeggieri, venite via!
Santa Lucia! Santa Lucia!

3
O dolce Napoli, O suol beato,
ove sorridere vuol il creato;
O dolce Napoli, O suol beato,
ove sorridere vuol il creato;

Tu sei l'impero dell'armonia!
Santa Lucia! Santa Lucia!
Tu sei l'impero dell'armonia!
Santa Lucia! Santa Lucia!

10,660-54
Santa Lucia 2

The Empty Window
Fenesta Vascia

Tune Ukulele

G C E A

English Lyric by
DON TITMAN

Neapolitan Song
Arr. by A. FASSIO

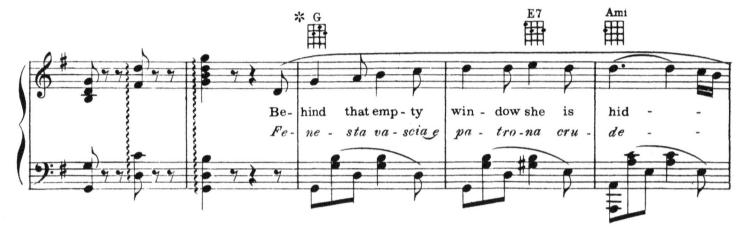

Be- hind that emp - ty win - dow she is hid - -
Fe - ne - sta va-scia e pa - tro-na cru - de - -

ing; She knows that when I pass I am des- pair - - ing, And
le, Quan- ti sos-spi - re m'aje fat-to jet - ta - - re, m'ar-

in my heart a flame is burn-ing wild - ly When some - one else his
de sto co - re comm' a' na can - ne - - la, Bel - la quan-no te

*Symbols for Guitar or Banjo

ar - dor is de - clar - - ing. But she is cold as snow on dis - tant

sen - to an-no - me na - - re Oje pi - glia la spe - rien - za de la

moun - - tains, So heart- less and so cru - el none was ev -

ne - - ve, Ca ne - ve è fred-da e se f'à ma - ni - a -

er, That were I sink - ing sad - ly on my death - bed,

re E tu com mè si tant' a-spre e cru - de - le,

She would not frown, nor grieve, I know she'd nev - - er.

Muor-to mme ve - di non mme vuò aju - ta - - re. D.C.

So far I'll wander from that empty window,	*Vorria arreventare 'no picciuotto*
And ply from door to door while onward faring,	*Co 'na lacella a chi vennenno acquà,*
At lowly hut and stately palace calling,	*Pe mme nne i da chiete palazzuotte:*
To sell my water cold, while all are staring.	*"Belle femmene meje a chi vu acquà?"*
Then let some parched and lovely maiden question,	*Se vota 'na nennella da la 'ncoppa:*
What sweet refreshing draught the pedlar's selling	*"Chi è sto ninno che va vennenno acquà?"*
So quick be my reply, "Alas, fair Lady,	*E io responno co parole accorte:*
Water it's not, it's tears that have been welling."	*"So lagreme d'ammore, e non è acquà!"*

My Goldfinch
Lu cardillo

Tune Ukulele

G C E A

English Lyric by
DON TITMAN

P. LABRIOLA
Arr. by A. FASSIO

Moderato

There's a gold-finch hangs o-ver my door-way, Wond'rous things I have taught him to
Sto cre - scen-no no bel-lo car - dil - lo, Quan-te co - se che l'ag-gio a mpa-

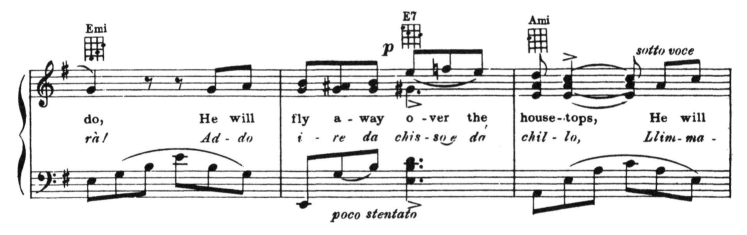

do, He will fly a - way o - ver the house-tops, He will
rà! Ad - do i - re da chis-so e da chil - lo, Llim-ma-

poco stentato

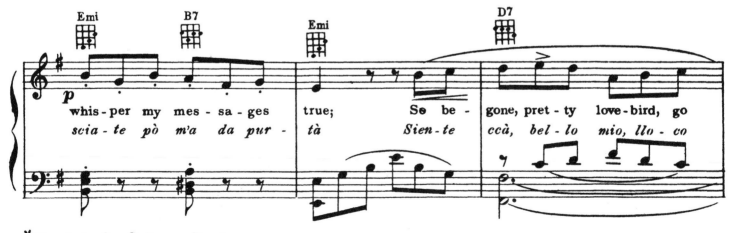

whis-per my mes-sa-ges true; So be -
scia-te pò m'a da pur - tà Sien-te

gone, pret-ty love-bird, go
ccà, bel-lo mio, llo-co

*Symbols for Guitar or Banjo

10,660-54

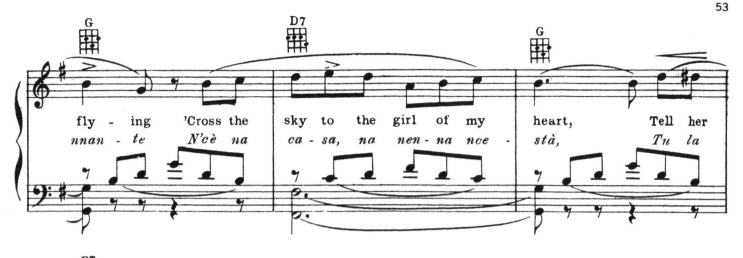

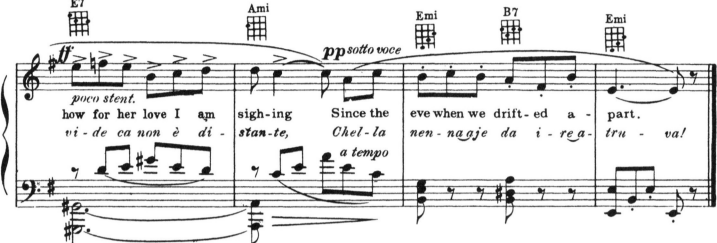

2

In her chamber perhaps she is sleeping,
Let your wings flutter gently aloft,
And mistake not her dream as an answer,
Though her smile is so wistful and soft.
Or perchance on her balcony seated,
You may see but a blossom that grows;
But beware, little bird, 'tis her beauty
That has bloomed like a sweet rambling rose.

3

You may find her, alas with another,
Resting lazily in his embrace;
With this dagger go slaughter yon lover,
Or return, little bird, in disgrace.
But I would she were tenderly dreaming,
OhI pray you may find her still true,
And when fondly she reaches to catch you,
You may tell her my passion anew.

4

If you find that her ears are unheeding,
If love's message has found her in vain,
Then your silvery notes turn to pleading,
Say your master is dying of pain.
Then her pride you will melt into fondness,
Loving fingers your plumes will entwine
Lucky bird, could we then but change places,
What good fortune at last would be mine!

*Si la truove ca stace dormenno
Pe na fata guè non la piglia!
No rommore non fa co li penne,
Guè, cardì, tu l'aviss'a scettà?
Si affacciata po sta allo barcone,
Pe na rosa l'aviss' a piglia!
Guè cardèvi ca llà no se stuone,
Va vatteune, cardi, n' addurà.*

3

*Si la truove che face l'ammore,
Sto cortiello nnascunnete ccà.
Nficcancillo deritto allo core
E lo sango tu m'ai da purtà.
Ma sì pensa, vatte chiano chiano,
Zitto zitto te nce aje d'azzeccà,
Si afferà pò te vo cò la mano,
Priesto mpietto tu l'aje da zompà.*

4

*Si te vassa o t'affera cianciosa,
Tanno tu l'aje da dire accusì:
Lu patrone pe te non reposa,
Poveriello, pecchè adda muri.
T'accarezza, te vassa! ah viato
Chiù de me tu si cierto, cardi!
Si co tice cagnarme m'è dato,
Voglio doppo davero muri.*

10,860-54
Goldfinch 2

Serenade
Serenata

Tune Ukulele

G C E A

English Lyric by
DON TITMAN

Neapolitan Song
Arr. by A. FASSIO

O - pen your win - dow, heart - less maid,
A la fe - ne - sta af - fac - cia - te,

Why have you al - ways fled ____ me?
Nen - nel - la de stu co - re,

O - pen your win - dow,
A la fe - ne - sta af -

heart - less maid,
fac - cia - te,

Why have you al - ways
Ne - nel - la de stu

fled ____ me?
co - re.

*Symbols for Guitar or Banjo

Long, long ago, you stole my heart,
Set my affection growing
Long, long ago, you stole my heart,
Set my affection growing
Many the lovelorn notes I penned,
Gladly my heart bestowing;
Can it be true you read them not?
Could you so heartless be?
Can it be true you read them not?
Could you so heartless be?

E'n anno che bedennote
De te me nnammoraje,
E'n anno che bedennote
De te me nnammoraje,
E chiu de ciente lettere
Io stesso te portaje,
Che tu senza maje leggere
Stracciaste mand'a mmé
Che tu senza maje leggere
Stracciaste mand'a mmé.

10,660-54
Serenade 2

Marguerite
Margarita

English Lyric by
DON TITMAN

Tune Ukulele

G C E A

V. FASSONE
Arr. by A. FASSIO

Allegretto

Mar-guer- ite my lit- tle neigh- - bor, With your
Mar-ga- ri - ta de Pa- re- - te E-rda

need- le swift- ly ply- -ing, As with threads and seams you
sar- ta d'e si- gno- re se pu- gne- va sem- pe e

la- -bor, I can hear you gent- ly sigh- -ing.
dde- -te pe pen- sa- sea Sal- va- to- re!

*Symbols for Guitar or Banjo

10,630-54

2
Down the street 'tis whispered only
You have shorn your hair so flaxen;
As a nun you'll not be lonely
Though your features will be waxen.

Marguerite, etc.

3
All the gossips say you're pining,
Full of longing, full of sorrow,
You are love-sick and declining,
There's no hope for you tomorrow.

Marguerite, etc.

*E caduta dint' à rezza
chella povera senzella!
S''a tagliasse chella trezza!
Se facesse munacella!*

Margari, etc.

*Dice' a ggente che a Parete
nc' è na fonte mmiez' e ppiante
e chi passa e tene sete,
guarda, veve e passa avante.*

Margari, etc.

LA SPAGNOLA
THE SPANISH MAIDEN
BOLERO

Spanish Lyric by
RICARDO ROMERO

English Lyric by
OLGA PAUL

Italian Lyric and Music by
VINCENZO DI CHIARA

Tempo di Valse

(Spanish Text) De Es-pa - ña yo soy la be - lla _____ Rei - na soy

(Italian Text) Di Spa - gna so - no la bel - la _____ Re - gi - na

A - mo con tut - to l'ar - do - re _____ A chi è sin -

Squar-di che man-dan sa - et - te, _____ Mo - ven - ze

Bright as the stars that are shin - ing, _____ Gay as the

If you are true I'll a - dore you, _____ For you will

Eyes that are ten - der yet flam - ing, _____ Lips that are

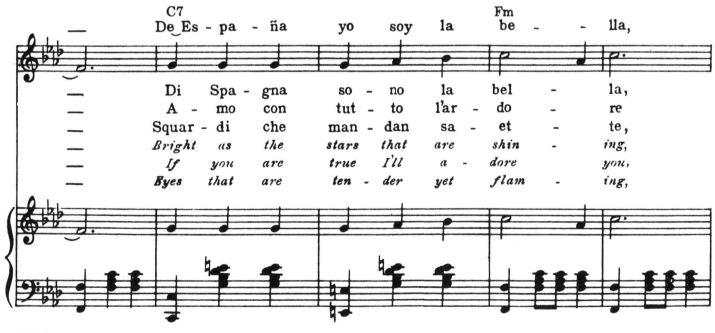

Farewell, Beautiful Napoli

L' Addio a Napoli

English Lyric by
DON TITMAN

Old Neapolitan song
Arrangement by
A. FASSIO

*Symbols for Guitar or Banjo

10,660 -54

shore! Ah! Fare-well my love-ly Na-po-li, Fare-
cor oh! ad-dio mi bel-la Na-po-li, ad-

well to thee, Fare-well to thee. This hour is gild-ing thy
di - o, ad-di - o! Ad-di - o ca-re me-

sun-lit shore For - e-ver in my mem-o-ry!
mo-rie del tem-po ah! che pas-sò!